BAYU CANGZHEN

——CHONGQING SHI DI-YI CI

QUANGUO KEYIDONG WENWU PUCHA

WENWU JINGPIN TULU

巴渝
藏珍

重庆市第一次全国可移动文物普查文物精品图录

标本　化石卷

主　编　幸　军

副主编　程武彦　柳春鸣　钟冰冰　欧阳辉

西南师范大学出版社

国家一级出版社 全国百佳图书出版单位

图书在版编目（CIP）数据

巴渝藏珍：重庆市第一次全国可移动文物普查文物
精品图录 / 幸军主编. — 重庆：西南师范大学出版社，
2019.3
ISBN 978-7-5621-5572-0

Ⅰ.①巴… Ⅱ.①幸… Ⅲ.①文物–普查–重庆–图
录 Ⅳ.①K872.719

中国版本图书馆 CIP 数据核字（2019）第 045488 号

巴 渝 藏 珍
——重庆市第一次全国可移动文物普查文物精品图录

主编 幸 军

责任编辑：杨景罡 曾 文 周明琼 熊家艳
　　　　　翟腾飞 鲁 艺 杨 涵 高 勇 谭小军
责任校对：钟小族
书籍设计：王 煤
出版发行：西南师范大学出版社
　　　　　中国·重庆市北碚区天生路2号
　　　　　邮编：400715
　　　　　网址：www.xscbs.com
经　　销：新华书店
排　　版：重庆新金雅迪艺术印刷有限公司
印　　刷：重庆新金雅迪艺术印刷有限公司
幅面尺寸：210 mm×280 mm
印　　张：91
字　　数：1213 千字
版　　次：2019 年 5 月第 1 版
印　　次：2019 年 5 月第 1 次印刷
书　　号：ISBN 978-7-5621-5572-0

定　　价：698.00 元（全六卷）

● 编委会

主　　编	幸　军
副 主 编	程武彦　柳春鸣　钟冰冰　欧阳辉
编　　委	严小红　杨柱逊　梁冠男　刘华荣　夏伙根
本册主编	李　华　童江波

序

重庆是中国历史文化名城,具有悠久的历史和光荣的革命传统,积淀了巴渝文化、革命文化、抗战文化、三峡文化、移民文化、统战文化等人文底蕴。这些丰厚的文化遗产,延续着这座城市的历史记忆。

可移动文物是宝贵的文化遗产,是传承弘扬中华优秀传统文化的重要载体。2012 年至 2016 年,国务院部署开展第一次全国可移动文物普查,这是保护传承中华优秀传统文化的重大举措,是加强国家软实力建设的重要文化战略,也是全面夯实我国文物工作基础的关键工程,具有里程碑意义。

五年来,在重庆市委、市政府的领导下,全市各级有关部门和各级普查机构精心组织,高效推进,广大一线普查员攻坚克难、敬业奉献,圆满完成了可移动文物普查任务,取得了丰硕的普查工作成果。

面对可移动文物总量大、范围广、类型多、收藏单位多元、保存情况复杂等现状,我市以县域为基本单元、国有单位为基本对象的网格式调查排查,实现了地理范围的全覆盖、国有单位的全参与、文物核心指标的全登记,摸清了国有可移动文物家底,建立起全市可移动文物资源数据库。普查结果显示,全市国有文物收藏单位有 165 家,采集登录可移动文物 148.2489 万件,收录文物照片 91.5479 万张。我市国有可移动文物呈现出文物类型丰富、文化序列完整、地域特色鲜明、分布相对集中等特点。35 个文物类别均有分布,从 200 万年前至现代,重要历史时期反映社会生产生活的各类文物齐备,三峡文物、革命文物、抗战文物最具重庆地域特色。

在普查过程中,全市参与普查工作的普查员共 6671 人,举办各类培训 432 次,共调查国有单位 26104 家,新建近 15 万件/套文物的档案。各单位按照普查工作要求开展藏品清点,核查账物对应情况,补充完善文物信息,健全藏品账目档案,建立健全文物管理制度。同时,我市还通过自主研发文物信息离线登录平台,建立文物信息逐级审核制度、数据审核专家责任制等工作机制,确保了普查进度和数据质量。

通过五年的普查,全市建立了国有可移动文物认定体系,健全了国有可移动文物收藏管理制度,构建了国有可移动文物动态监管体系,建立起统一的可移动文物的登录标准,为我市可移动文物保护和利用奠定了良好的基础,也为探索建立覆盖全市所有系统的文物保护利用体系创造了条件。

普查工作期间,我市还在文化遗产宣传月和主题日组织开展形式多样的专题宣传活动,利用文物普查成果,拍摄《国宝大调查》专题片,举办"细数家珍,传承文明——重庆市第一次全国可移动文物普查"展览,并在全市各区县巡展,普及文化遗产保护知识,营造文化遗产保护氛围。重庆中国三峡博物馆组织参观者探访文物保护中心实验室,让观众了解文物保护修复过程;重庆市文化遗产研究院组织文物保护志愿者走进考古工地,体验考古发掘出土文物的过程,组织文博专家在各大中小学开展文化遗产保护专题讲座,提升青少年学生对文化遗产保护的认知。

普查过程中,各普查收藏单位通过对珍贵文物的整理研究,进一步发掘出文物的历史价值、艺术价值和科学价值,发表与普查成果相关的文章150余篇,还出版藏品图录和藏品专题研究图书。2013年起,以普查为契机,我市率先启动抗战可移动文物专题研究,先后对全市抗战文物、革命文物、长征文物(可移动文物部分)进行调查统计,为下一步开展文物保护利用奠定了良好的基础。2016年,受国家文物局委托,我市对四川、云南、贵州、重庆等西南4省市的抗战可移动文物进行专项调查,并编制完成了《抗战文物(可移动)专项调查报告——以西南四省市为例》。

在可移动文物普查基础上,我市组织开展镇馆之宝评选活动,评选出354件/套镇馆之宝。重庆中国三峡博物馆先后编辑出版《重庆中国三峡博物馆馆藏文物选粹·玉器》《重庆中国三峡博物馆馆藏文物选粹·鼻烟壶》和《重庆中国三峡博物馆馆藏文物选粹·铜镜》等图录,以"馆藏江南会馆文物资料整理与研究"为题,作为2015年度重庆市社会科学规划特别委托项目立项。渝北区编辑出版《渝北古韵》,在普查清理木质文物的基础上,重点研究馆藏特色古床等文物。黔江区文化部门经过系统整理,出版了《双冷斋文集校注》《笏珊年谱校注》,填补了黔江区清代历史文献的空缺。

为了让第一次全国可移动文物普查成果更好地服务于社会,重庆市文物局编辑出版《巴渝藏珍——重庆市第一次全国可移动文物普查总结报告暨收藏单位名录》和《巴渝藏珍——重庆市第一次全国可移动文物普查文物精品图录》。前者由重庆市的普查总报告、全市6家直属单位和39个区县的普查分报告、重庆市第一次全国可移动文物普查收藏单位名录三个部分组成,是中华人民共和国成立以来重庆市首次对可移动文物进行全面综述;后者从全市石器、铜器、书法绘画等35个类别、148.2489万件藏品中遴选出1604件/套文物,分六卷进行编辑,入选文物年代序列完整,类型丰富,是全市国有可移动文物珍品的群集荟萃,反映了重庆历史文化传承脉络,体现了重庆深厚的历史文化底蕴。

保护文物功在当代,利在千秋。回望过去,我市通过普查,全面掌握了可移动文物的数量分布、保存状况、文物价值等重要信息,向摸清文物资源家底、健全文物管理机制、发挥文物公共服务功能迈出了关键的一步。展望未来,保护文物、传承历史,让收藏在博物馆的文物、陈列在广阔大地上的遗产、书写在古籍里的文字都活起来,我们深感任重道远。

幸 军

Preface

Chongqing is a historically and culturally prestigious city in China that boasts a long history and a glorious revolutionary tradition. Chongqing has cultivated Bayu culture, revolution culture, culture of War of Resistance Against Japanese Aggression, the Three Gorges culture, immigrant culture, united front culture, and other humanistic and cultural references, leaving an extremely rich cultural heritage and extending the historical memory of the city.

Movable cultural relics are precious cultural heritages and important carriers for the inheritance and promotion of excellent traditional Chinese culture. From 2012 to 2016, the State Council had deployed and carried out the first national survey on movable cultural relics, which was a major measure taken to preserve and inherit excellent traditional Chinese culture, an important cultural strategy to promote national soft power, and a key project to comprehensively consolidate the foundation of Protecting China's cultural relics.

Over the past five years, under the leadership of the municipal Party committee and municipal government of Chongqing, relevant departments at all levels within the city have formulated the overall planning and requested high standards; census institutions at all levels have meticulously organized and efficiently promoted relevant work; plenty of front-line census enumerators have overcome various difficulties and dedicated to the project, successfully completing the first national census on movable cultural relics and achieving fruitful census results.

Faced with a large number of movable cultural relics that come from a wide range and are reserved by various collection units with complex preservation conditions, the city carried out a grid-style screening and examination which took counties as the basic units and state-owned units as the basic objects. Eventually, the city realized coverage of all geographical areas, participation by all state-owned units, and registration of all key indicators of cultural relics, captured a clear picture of state-owned movable cultural relics, and established the city's movable cultural relics resources database. According to the census results, there are 165 state-owned cultural relics collection units in the city, among which 1,482,489 movable cultural relics and more than 90 thousand photos of cultural relics have been collected and registered. The state-owned movable cultural relics in our city are characterized by rich types of cultural relics, complete cultural sequences, distinct regional characteristics, relatively concentrated distribution, etc. Dating from modern times to 2 million years ago, cultural relics have been found in all 35 types, including complete cultural relics that reflected the production and social life in important historical periods. The cultural relics of the Three Gorges, revolution, and the War of Resistance are of the most distinctive regional features of Chongqing.

During the census, a total of 6,671 census enumerators have participated, 432 trainings of various kinds have been held, a total of 26,104 state institutions have been surveyed, and nearly 150,000 pieces/set of new cultural relics archives have been built. In accordance with the requirements of the census, all units have carried out inventory checking of cultural relics, checked up accounts, supplemented cultural relics information, improved the accounts and archives of cultural relics, and established a sound cultural relics management system. Meanwhile, the city has developed an offline registration platform for cultural relics information through independent research and established a level—by—level verification system for cultural relics information and an expert responsibility system for data verification and other working mechanisms, which ensured the normal work progress and high data quality of the census.

Through five years of census, the city has established an identification system for state—owned movable cultural relics, a sound collection and management system for state—owned movable cultural relics, built a dynamic supervision system for state—owned movable cultural relics, and established a unified registration standard for movable cultural relics, laying a solid foundation for the protection and utilization of movable cultural relics, and providing conditions for exploring to build a system for the protection and utilization of cultural relics that covers all systems in the city.

During the census, the city has organized various forms of special promotional activities in the Cultural Heritage Promotion Month and on the Cultural Heritage Promotion Theme Day. Making use of achievement of the census, the city produced a feature film called *the National Treasure Census*, held exhibitions in all districts and counties of the city titled *Checking out Family Treasures and Passing Down Civilization—Chongqing's First Census on National Movable Cultural Relics*, popularized knowledge on cultural heritage protection and created an atmosphere for cultural heritage protection. Chongqing China Three Gorges Museum organized visitors to see the laboratory of the Cultural Relics Protection Center for them to understand the conservation and restoration process of cultural relics. Chongqing

Institute of Cultural Heritage organized cultural relic protection volunteers to set foot on archaeological sites and experience the process of excavating unearthed cultural relics, and organized cultural and museological experts to hold special lectures on cultural heritage protection in primary and secondary schools, so as to raise young students' awareness of cultural heritage protection.

In the process of the census, all collection units have further explored the historical value, artistic value and scientific value of culture relics, published more than 150 articles related to the census results, and published collection catalogues and special research books on collections through collating and research of the precious cultural relics. Since 2013, taking the census as an opportunity, the city has taken the lead in starting special research on the movable cultural relics during the War of Resistance. The census and statistics on relics concerning the War of Resistance, revolution, and the Long March (movable cultural relics) of the city have been conducted successively, laying a good foundation for further protection and utilization of cultural relics. In 2016, entrusted by the National Cultural Heritage Administration, the city conducted a special examination on movable cultural relics concerning the War of Resistance in 4 provinces and municipality in southwest China (Sichuan, Yunnan, Guizhou, and Chongqing), completed the compilation of *Special Survey Report on Relics of the War of Resistance (Movable) — Taking Four Provinces and Municipality in Southwest China as An Example*.

Based on the census on movable cultural relics, the city organized a selection of museum treasures in which 354 pieces/set of museum treasures stood out. Also, cultural and creative design contest was launched, and Chongqing China Three Gorges Museum has successively edited and published catalogues including *Selective Collection of Chongqing China Three Gorges Museum — Jades*, *Selective Collection of Chongqing China Three Gorges Museum — the Snuff Bottles*, and *Selective Collection of Chongqing China Three Gorges Museum — the Bronze Mirrors*. A special project named *Data Compilation and Research of Cultural Relics of Jiangnan Club* was launched as entrusted by Chongqing social science planning of 2015. Yubei District edited and published *Yubei Ancient Charm*. On basis of the examining and sorting out wooden cultural relics, it focused on research on featured ancient beds and other cultural relics in the collection. After systematical arrangement, the cultural department of Qianjiang District published *Annotates on the Collected Works of Shuanglengzhai* and *Annotates on the Hushan Chronology*, which filled the gap of historical documents of Qianjiang District during the Qing dynasty.

In order to make the results of the first national census on movable cultural relics better serve the society, the Cultural Heritage Bureau of Chongqing edited and published *Bayu Treasures — Summary of Chongqing's First National Census on Movable Cultural Relics and Collection Units Directory* and *Bayu Treasures — the Catalogue of Selective Cultural Relics from Chongqing's First National Census on Movable Cultural Relics*. The former is composed of 3 parts: The census report by Chongqing municipality, the reports by 6 directly affiliated units of Chongqing municipality and 39 districts and counties, as well as directory of the collection units of Chongqing's first national census on movable cultural relics. It is the first comprehensive census on movable cultural relics in Chongqing since the founding of the People's Republic of China. The latter selects more than a thousand pieces/sets of cultural relics from 1,482,489 items among the city's 35 categories including stone and bronze artifacts, calligraphy, and paintings. It is compiled in six volumes with complete chronological sequences and various types of cultural relics. It boasts a diverse collection of state–owned movable cultural relics of the city, reflects the historical and cultural context of Chongqing, and demonstrates the profound historical and cultural heritage of Chongqing.

The preservation of cultural relics in the contemporary benefits generations in the future. Looking back on the past, the city has comprehensively grasped the quantity, distribution, preservation status, cultural heritage value and other important information of movable cultural relics through the census, which is a pivotal step to obtain a thorough understanding of cultural heritage resources, improve the cultural heritage management mechanism, fulfill the public service function of cultural heritage. Looking forward to the future, we have a long distance to cover and heavy responsibilities to shoulder in protecting cultural relics, inheriting the history, and bringing to life the cultural relics collected in museums, heritage displayed on the vast land, and characters written in ancient books.

XING, Jun

目录

概述

一

本卷共收录自然类藏品 204 件/套,分为现生动物和现生植物、岩石和矿物、古生物化石、古人类化石及其他五类,涵盖了第一次全国可移动文物普查分类中的现生动物和现生植物、岩石和矿物、古生物化石、古人类化石、其他五大类别。

根据《第一次全国可移动文物普查馆藏文物类别说明》,古生物化石、古人类化石、现生动物和现生植物的分类系统以界、门、纲、目、科、属、种作为基本的分类阶元,以二名法的拉丁学名命名的种作为最基本的分类单位。岩石、矿物等依据结构、变质作用类型、成因等进行分类。现生动物和现生植物包括模式标本及保存完好的国际濒危物种、国家重点保护野生动物和野生植物标本等珍贵标本、一般标本以及生物的组织、器官、卵等,包括解剖、系统发育、比较标本等。古生物化石包括模式标本及保存完整的在生物演化上具有重要意义的国家重点保护化石等珍贵化石、一般化石以及化石模型、模具、复原标本等。古人类化石包括珍贵化石以及一般的模型、复制品等。

重庆市第一次全国可移动文物普查共采集登录自然类藏品 95244 件/套,其中:现生动物和现生植物 87161 件/套,占普查文物总量的 5.88%;岩石和矿物 4159 件/套,占普查文物总量的 0.28%;古生物化石 2990 件/套,占普查文物总量的 0.20%;古人类化石 188 件/套,占普查文物总量的 0.01%;其他 746 件/套,占普查文物总量的 0.05%。自然类藏品的数量占全市文物标本总量(含自然类藏品)的 6.42%,比例偏小。重庆自然博物馆是重庆市自然类藏品最重要的收藏机构,普查登记数量 94880 件/套,约占全市自然类藏品总量的 99.62%,其余则分散保存于各区县博物馆、文物管理所等机构。

本卷收录自然类藏品来源于 14 个收藏单位,其中有珍贵标本 140 件/套、一般标本 13 件/套,其他标本 51 件/套。

二

下面就五个部分的自然类藏品分别予以说明:

(一)现生动物和现生植物

该类藏品无疑是自然类藏品的主体,数量优势明显。其采集地范围广泛,远不止于重庆,而是涵盖了西部各省,尤以川西为主。植物标本既有藻类、蕨类等低等植物,也有裸子植物、被子植物等高等植物。动物标本既有无脊椎动物,也有脊椎动物。虽然无脊椎动物的数量要远远多于脊椎动物,但从观赏性出发,本图册仍主要收录脊椎动物标本。

另一特点是老标本多,考证意义大。其中一些标本因与一批老科学家早年工作经历相关,本身已成文物。尤其是那些作为物种命名依据的模式标本,科学价值甚为突出,其背后的故事更是值得挖掘。

在西部科学院和西部博物馆时期,由于标本交换频繁,还有一定数量的境外标本,如产自欧洲的蝶类标本。重庆自然博物馆在新馆建设中还争取到了新的国际捐赠,由国际著名慈善家肯尼斯·贝林捐献世界七大洲的野生动物标本330余件,进一步扩大了标本采集地范围。

就动物标本而言,判定一件标本是否成功,就看它是否栩栩如生。好的标本能活灵活现地展示动物活着时候的样子,差的标本则往往"失真"。动物死后身体会发生很大变化,比如胡须卷曲、绒毛耷拉、身体萎缩等,为了克服这些变化,标本师们想尽各种方法发展标本制作技术。以人们最为熟悉的哺乳动物为例,以前标本师用竹丝和麻纱将干瘪的肚子塞满,这种填充法不容易准确表现动物的形态。如今,标本师会以模型作为填充,精细的模型甚至雕刻有肌肉纹理和血管。

如同优秀的画师需要对人体结构了如指掌一样,标本师也要对动物的骨骼、肌肉走向了然于胸。学习解剖是现代标本制作的第一课,学好它才能将动物活着的那一刹那定格下来。通常制作一个大型动物标本需要分五步,首先根据测量尺寸制作泥模,其次在泥模上雕刻所需形态,雕刻完后将泥模翻成玻璃钢模,然后给模型"穿上外衣"——也就是动物皮毛,最后"画龙点睛"——安装与动物眼睛结构相同的义眼,标本因而生动逼真。

(二)岩石和矿物

与动植物标本一样,矿物和岩石也是人们热衷收藏的类型。该类藏品在其他自然博物馆中较少,而重庆自然博物馆因与西部科学院地质调查所(1936年后并入新成立的四川地质调查所)、中央地质调查所的历史联系,反而拥有良好基础,但受篇幅限制,本图册收录数量较少,且以矿物为主。

矿物指由地质作用所形成的天然单质或化合物。而岩石则是矿物的集合体,由一种或多种矿物组成,它与矿物一样,也具有较高的科学研究和观赏价值。

大众最感兴趣的自然是宝石和玉石。宝石主要为单矿物,透明、色艳、质地晶莹、光泽灿烂、硬度极大,且因极为罕见而愈显贵重。玉石可以是多种矿物的集合体,也可以是单矿物,往往具有各种天然鲜艳色彩,质地坚硬细腻,光泽柔润,一般都不透明或半透明,其分布虽多于宝石,但仍显稀少。其价值往往决定于雕刻工艺的精美程度。

(三)古生物化石

化石是保存在地层中的古代生物遗体、遗迹和遗物。作为远古生命遗存,它提供了绝灭动物的研究实证,丰富了人类对生物界系统发生关系的认识,同时也是进化论最直接、最有力的实物证据。

化石还是沉积岩层这一天然史书上的奇异文字,记录着地球的身世。据知,地球有 46 亿年的历史,在距今约 39 亿年前诞生生命。生命的出现不仅开启了生物界的演化征程,而且还通过生命与环境的相互作用,丰富了地球物质组成,深刻影响了地表环境。

重庆地区古生物化石丰富,重庆自然博物馆是中国乃至世界上收藏侏罗纪恐龙化石最丰富的博物馆之一,涵盖了在当时生活过的所有主要的恐龙类群,如兽脚类、蜥脚类、鸟脚类、剑龙类等。这些古生物化石大部分来自20世纪50年代及其之后的调查发掘,如成渝铁路施工建设中发现的各类脊椎动物化石,发掘合川马门溪龙、上游永川龙、巨型永川龙等著名恐龙化石,还于 20 世纪 70 年代中后期在四川自贡取得了伍家坝恐龙化石群、大山铺恐龙化石群等重大发现,大量恐龙化石在该馆汇集,遂使重庆具有侏罗纪恐龙化石收藏优势。同时,作为当时古巴蜀湖生物多样性丰富证据的鱼类、龟鳖类、鳄类、蛇颈龙类,也在图册中有一定的呈现。

(四)古人类化石

古人类化石指在地层中出土的人类的遗骸,多处于破碎的状态,骨块彼此少有联结。古人类化石稀少而珍贵,即使根据原标本复制的模型也具有较高收藏价值,因此,我们也选取了部分具有重要演化意义的古人类化石复制品入册。

1984—1988 年, 在四川省文化厅和国家自然科学基金委员会的赞助下, 由中国科学院古脊椎动物与古人类研究所、重庆自然博物馆、巫山县文物管理所等单位组成的一支长江三峡科学考察队,在四川省巫山县大庙镇的龙骨坡一洞穴堆积层里,发掘出一颗人类门齿和一段人类下颌骨,颌骨上带有两颗牙齿。经学者研究,这代表了一种能人的新亚种,后被定名为“能人巫山亚种”(*Home erectus wushanensis*),一般称之为“巫山人”,距今 201 万~204 万年。该化石是中国境内迄今发现的最早的人类化石。

(五)其他

除上述四大类外,自然类藏品还设有其他较多类型,按国普办文件未作单列,结合重庆的实际情况,略微介绍一下土壤。中央地质调查所是我国最早研究土壤的机构，在抗战内迁北碚后成立了土壤研究室，由于该所是发起筹备中国西部博物馆的重要机构之一，因而在重庆自然博物馆留存了部分土壤样品。

早在 20 世纪 20 年代末峡区博物馆筹备期间，大规模的自然类标本采集就有好几次。1929 年夏，卢作孚函请中国科学社派人入川帮助采集标本，中央研究院闻讯也派员乘江轮前来。8 月，卢作孚命弟弟卢子英率少年义勇队 30 人随这批专家一同赴峨眉、川边(大、小凉山)一带采集动植物标本，经中央研究院自然历史博物馆(1934 年 7 月 1 日改名为中央研究院动植物研究所)鉴定，其中含有多个新属种。1930 年 3 月，中国科学社生物所、北平静生生物调查所联合组成四川生物采集团，与少年义勇队再次赴大、小凉山采集生物和地质标本，单采得的昆虫标本就有 700 余种 6000 余份之多。同年，卢作孚还派员跟随中瑞考察团赴新疆、甘肃等地采集标本。峡区博物馆和中国西部科学院成立后，更加重视标本采集，每年均有采集计划。每当中外学者入川采集，峡区博物馆和中国西部科学院均派员同行，所得标本皆留一份最全者存于北碚，且另提数份以备交换之用。

社会征集始于东北考察团(由民生公司、峡防局、川江航务管理处、北川铁路公司联合组建)，1930 年从华北、东北等地搜集到大批陈列品。西部科学院成立后又逐年拨付经费购置陈列品，收藏工作步入常态化。

机构捐赠最初由卢作孚、郑璧成、黄子裳等人组成的"人生社"发起，赠予峡区博物馆大部分陈列品。更大规模的捐赠则集中在中国西部博物馆时期，其地理、工矿、地质、生物、农林、医药卫生六个分馆的陈列物品均由各发起机关供给，同时还接洽工、矿、商等单位各品类标本的捐赠，在极短时间就将馆藏增至 107190 件。抗战胜利后，各学术机关迁返时又再度赠送部分标本、模型，藏品扩充至 108205 件。1948—1949 年，中国西部博物馆接收重庆市工矿陈列室陈列品，加上为北温泉博物馆代管的全部古物陈列品，至 1949 年 11 月，该馆藏品增至 112761 件。

对照本次普查的自然类藏品登记数量，有一个问题需作探究：为何在经历 60 多年后重庆自然博物馆的藏品不增反减？料想主要是统计口径的差别，1949 年的藏品统计包含有图表、工业制品以及民俗用品，而此次普查仅限于自然标本。当然也不排除因机构更迭原因而造成的收藏主体的变化，一批藏品被重庆中国三峡博物馆收藏。

自然标本类型多样，科学意义各有不同，各文博单位在收藏时主要考量的是标本的科学价值，但作为面向大众的珍品图册，入选时尚需考量其观赏性，以此多重标准遴选，必然导致一些有重要科学价值的标本因品相欠佳而未被收入，此种遗憾，希望将来有机会以恰当方式弥补。

现生动物和现生植物

中文名:**中华鲟**

拉丁名:*Acipenser sinensis*

年　　代:第四纪

尺　　寸(cm):340×61×82

采集地:重庆

收藏单位:重庆自然博物馆

中文名:**达氏鲟**

拉丁名:*Acipenser dabryanus*

年　　代:第四纪

尺　　寸(cm):230×50×45

采集地:重庆

收藏单位:重庆自然博物馆

中文名:**白鲟**

拉丁名:*Psephurus gladius*

年　代:第四纪

尺　寸(cm):133×20×16

采集地:重庆

收藏单位:重庆自然博物馆

中文名:**蟒蛇**

拉丁名:*Python bivittatus*

年　代:第四纪

尺　寸(cm):355×11×12

采集地:不详

收藏单位:重庆自然博物馆

中文名:**蠵龟**

拉丁名:*Caretta caretta*

年　代:第四纪

尺　寸(cm):100×110×25

采集地:不详

收藏单位:重庆自然博物馆

中文名:**平胸龟**

拉丁名:*Platysternon megacephalum*

年　代:第四纪

尺　寸(cm):26×10×5

采集地:广东

收藏单位:重庆自然博物馆

中文名:**黄缘闭壳龟**

拉丁名:*Cuora flavomarginata*

年　代:第四纪

尺　寸(cm):25×15×10

采集地:不详

收藏单位:重庆自然博物馆

中文名:**圆鼻巨蜥**

拉丁名:*Varanus salvator*

年　代:第四纪

尺　寸(cm):123×55×20

采集地:不详

收藏单位:重庆自然博物馆

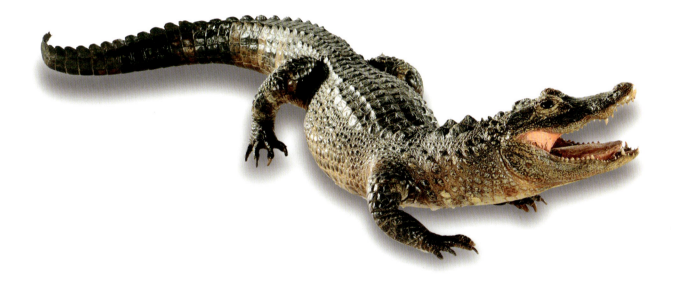

中文名:**扬子鳄**

拉丁名:*Alligator sinensis*

年　代:第四纪

尺　寸(cm):112×37×22

采集地:安徽

收藏单位:重庆自然博物馆

中文名:**尼罗鳄**

拉丁名:*Crocodylus niloticus*

年　代:第四纪

尺　寸(cm):370×110×63

采集地:南非

收藏单位:重庆自然博物馆

中文名:**红腹锦鸡**

拉丁名:*Chrysolophus pictus*

年　代:第四纪

尺　寸(cm):80×15×30

采集地:重庆

收藏单位:重庆自然博物馆

中文名:**白鹇**

拉丁名:*Lophura nycthemera*

年　代:第四纪

尺　寸(cm):62×13×40

采集地:不详

收藏单位:重庆自然博物馆

中文名:**朱鹮**
拉丁名:*Nipponia nippon*

年代:第四纪
尺寸(cm):100×25×42
采集地:陕西
收藏单位:重庆自然博物馆

中文名:**丹顶鹤**

拉丁名:*Grus japonensis*

年　代:第四纪

尺　寸(cm):89.5×23.5×51.5

采集地:不详

收藏单位:重庆自然博物馆

中文名:**红角鸮**

拉丁名:*Otus scops*

年　代:第四纪

尺　寸(cm):11×7×18

采集地:不详

收藏单位:重庆自然博物馆

中文名:**胡兀鹫**

拉丁名:*Gypaetus barbatus*

年　代:第四纪

尺　寸(cm):110×160×130

采集地:不详

收藏单位:重庆自然博物馆

中文名:**非洲白背兀鹫**

拉丁名:*Gyps africanus*

年　代:第四纪

尺　寸(cm):194×92×71

采集地:非洲

收藏单位:重庆自然博物馆

中文名:**金雕**
拉丁名:*Aquila chrysaetos*

年　代:第四纪
尺　寸(cm):180×86×113
采集地:重庆
收藏单位:重庆自然博物馆

中文名:**穿山甲**

拉丁名:*Manis pentadactyla*

年　代:第四纪

尺　寸(cm):65×30×30

采集地:不详

收藏单位:重庆自然博物馆

中文名:**藏羚羊**

拉丁名:*Pantholops hodgsonii*

年　代:第四纪

尺　寸(cm):138×37×150

采集地:西藏

收藏单位:重庆自然博物馆

中文名:**喜马拉雅塔尔羊**

拉丁名:*Hemitragus jemlahicus*

年　代:第四纪

尺　寸(cm):100×40×92

采集地:新西兰

收藏单位:重庆自然博物馆

中文名:**紫羚**

拉丁名:*Tragelaphus eurycerus*

年　代:第四纪

尺　寸(cm):215×70×145

采集地:南非

收藏单位:重庆自然博物馆

中文名:**羚牛**

拉丁名:*Budorcas taxicolor*

年　代:第四纪

尺　寸(cm):188×74×140

采集地:不详

收藏单位:重庆自然博物馆

中文名:**普氏野马**

拉丁名:*Equus przewalskii*

年　代:第四纪

尺　寸(cm):195×72×159

采集地:不详

收藏单位:重庆自然博物馆

中文名:**野双峰驼**
拉丁名:*Camelus bactrianus*

年　代:第四纪
尺　寸(cm):330×110×210
采集地:甘肃
收藏单位:重庆自然博物馆

中文名:**藏野驴**

拉丁名:*Equus kiang*

年　代:第四纪

尺　寸(cm):250×100×180

采集地:不详

收藏单位:重庆自然博物馆

中文名:**河马**

拉丁名:*Hippopotamus amphibius*

年　代:第四纪

尺　寸(cm):334×104×142

采集地:南非

收藏单位:重庆自然博物馆

中文名:**川金丝猴**

拉丁名:*Rhinopithecus roxellanae*

年　代:第四纪

尺　寸(cm):67×48×126

采集地:重庆

收藏单位:重庆自然博物馆

中文名:**黔金丝猴**
拉丁名:*Rhinopithecus brelichi*

年　　代:第四纪
尺　　寸(cm):93×35×46
采集地:重庆
收藏单位:重庆自然博物馆

中文名:**白头叶猴**

拉丁名:*Trachypithecus poliocephalus*

年代:第四纪

尺寸(cm):80×65×19

采集地:广西

收藏单位:重庆自然博物馆

中文名:**白眉长臂猿**
拉丁名:*Hylobates hoolock*

年代:第四纪

尺寸(cm):24×20×58

采集地:云南

收藏单位:重庆自然博物馆

中文名:**豚尾狒狒**

拉丁名:*Papio ursinus*

年　代:第四纪

尺　寸(cm):122×33×82

采集地:南非

收藏单位:重庆自然博物馆

中文名:**大熊猫**

拉丁名:*Ailuropoda melanoleuca*

年　代:第四纪

尺　寸(cm):137×57×66

采集地:四川

收藏单位:重庆自然博物馆

中文名:**小熊猫**

拉丁名:*Ailurus fulgens*

年　代:第四纪

尺　寸(cm):85×22×30

采集地:不详

收藏单位:重庆自然博物馆

中文名:**美洲黑熊**

拉丁名:*Ursus americanus*

年　代:第四纪

尺　寸(cm):86×91×163

采集地:美国

收藏单位:重庆自然博物馆

中文名:**北极熊**

拉丁名:*Ursus maritimus*

年　代:第四纪

尺　寸(cm):245×145×115

采集地:加拿大

收藏单位:重庆自然博物馆

中文名:**狼**

拉丁名:*Canis lupus*

年　代:第四纪

尺　寸(cm):140×61×84

采集地:加拿大

收藏单位:重庆自然博物馆

中文名:**豹**

拉丁名:*Panthera pardus*

年　代:第四纪

尺　寸(cm):171×50×85

采集地:南非

收藏单位:重庆自然博物馆

中文名:**雪豹**

拉丁名:*Uncia uncia*

年　　代:第四纪

尺　　寸(cm):142×62×74

采集地:甘肃

收藏单位:重庆自然博物馆

中文名:**云豹**
拉丁名:*Neofelis nebulosa*

年　代:第四纪
尺　寸(cm):150×50×150
采集地:重庆
收藏单位:重庆自然博物馆

中文名:**猎豹**

拉丁名:*Acinonyx jubatus*

年　代:第四纪

尺　寸(cm):124×85×42

采集地:南非

收藏单位:重庆自然博物馆

中文名:**狞猫**

拉丁名:*Caracal caracal*

年　代:第四纪

尺　寸(cm):85×21×44

采集地:南非

收藏单位:重庆自然博物馆

中文名:**美洲狮**

拉丁名:*Puma concolor*

年　代:第四纪

尺　寸(cm):93×45×53

采集地:美国

收藏单位:重庆自然博物馆

中文名:**狮**

拉丁名:*Panthera leo*

年　代:第四纪

尺　寸(cm):229×48×122

采集地:南非

收藏单位:重庆自然博物馆

中文名:**华南虎**

拉丁名:*Panthera tigris amoyensis*

年　代:第四纪

尺　寸(cm):235×50×120

采集地:不详

收藏单位:重庆自然博物馆

中文名:**阿波罗绢蝶**

拉丁名:*Parnassius apollo*

年　代:第四纪

尺　寸(cm):翼展 4

采集地:日本

收藏单位:重庆自然博物馆

中文名:**翠叶红颈凤蝶**

拉丁名:*Trogonoptera brookiana*

年　代:第四纪

尺　寸(cm):翼展 8.5

采集地:马来西亚

收藏单位:重庆自然博物馆

中文名:**三尾凤蝶**

拉丁名:*Bhutanitis thaidina*

年　代:第四纪

尺　寸(cm):翼展 4.31

采集地:四川

收藏单位:重庆自然博物馆

中文名:**金裳凤蝶**

拉丁名:*Troides aeacus*

年　代:第四纪

尺　寸(cm):翼展 6.51

采集地:四川

收藏单位:重庆自然博物馆

中文名:**绿鸟翼凤蝶**

拉丁名:*Ornitnoptera priamus*

年　代:第四纪

尺　寸(cm):翼展 8

采集地:巴布亚新几内亚

收藏单位:重庆自然博物馆

中文名:**红鸟翼凤蝶**

拉丁名:*Ornithoptera croesus*

年　代:第四纪

尺　寸(cm):翼展 7.8

采集地:印度尼西亚

收藏单位:重庆自然博物馆

中文名:**蓝鸟翼凤蝶**

拉丁名:*Ornithoptera urvillianus*

年　代:第四纪

尺　寸(cm):翼展 8.8

采集地:巴布亚新几内亚

收藏单位:重庆自然博物馆

中文名:**黄绿鸟翼凤蝶**

拉丁名:*Ornithoptera rothschildi*

年　代:第四纪

尺　寸(cm):翼展 7.5

采集地:泰国

收藏单位:重庆自然博物馆

中文名:**海滨裳凤蝶**

拉丁名:*Troides hypolitus*

年　代:第四纪

尺　寸(cm):翼展 8

采集地:泰国

收藏单位:重庆自然博物馆

中文名:**鸟翼裳凤蝶**

拉丁名:*Troides amphrysus*

年　代:第四纪

尺　寸(cm):翼展 9

采集地:泰国

收藏单位:重庆自然博物馆

中文名:**塞浦路斯闪蝶**

拉丁名:*Morpho cypris*

年　代:第四纪

尺　寸(cm):翼展 6.5

采集地:巴西

收藏单位:重庆自然博物馆

中文名:**月神闪蝶**

拉丁名:*Morpho cisseis*

年　代:第四纪

尺　寸(cm):翼展 8.5

采集地:巴西

收藏单位:重庆自然博物馆

中文名:**海伦娜闪蝶**

拉丁名:*Morpho helena*

年　　代:第四纪

尺　　寸(cm):翼展 7.5

采集地:巴西

收藏单位:重庆自然博物馆

中文名:**文蛱蝶**

拉丁名:*Vindula erota*

年　　代:第四纪

尺　　寸(cm):翼展 4.4

采集地:云南

收藏单位:重庆自然博物馆

中文名:**银阔凤蝶**

拉丁名:*Eurytides leucaspis*

年　　代:第四纪

尺　　寸(cm):翼展 4.9

采集地:巴西

收藏单位:重庆自然博物馆

中文名:**银杉**

拉丁名:*Cathaya argyrophylla*

年　代:第四纪

尺　寸(cm):40×29

采集地:重庆

收藏单位:重庆自然博物馆

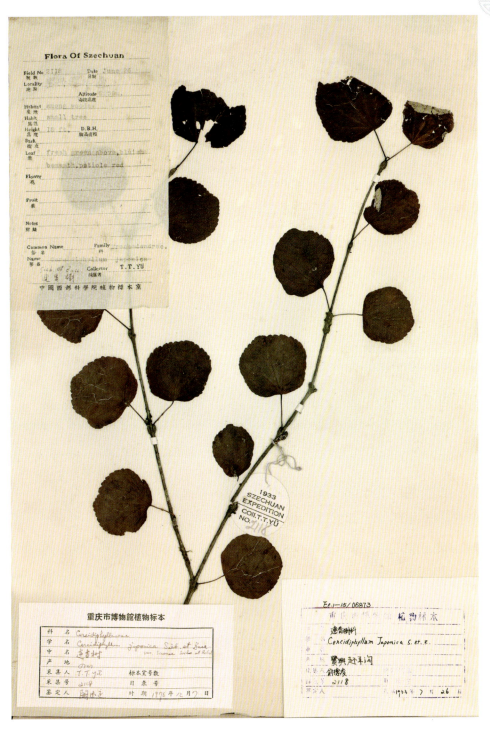

中文名:**连香树**

拉丁名:*Cercidiphyllum japonicum*

年　代:第四纪

尺　寸(cm):40×29

采集地:四川

收藏单位:重庆自然博物馆

中文名:**水青树**

拉丁名:*Tetracentron sinense*

年　代:第四纪

尺　寸(cm):40×29

采集地:四川

收藏单位:重庆自然博物馆

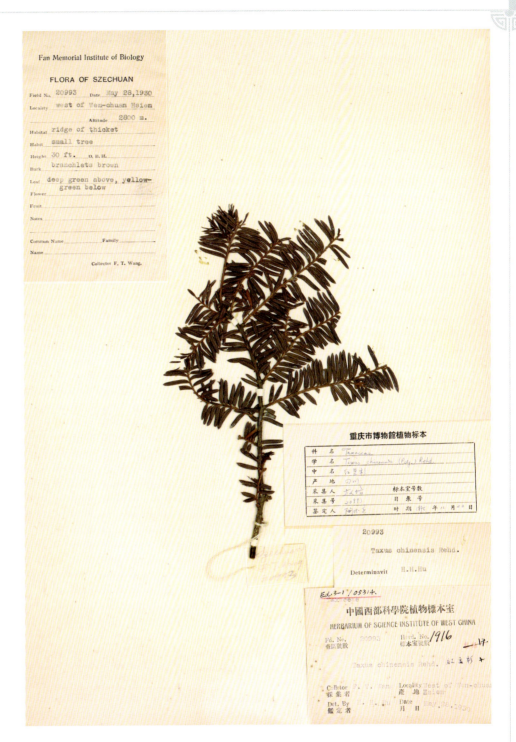

中文名:**红豆杉**

拉丁名:*Taxus chinensis*

年　代:第四纪

尺　寸(cm):40×29

采集地:浙江

收藏单位:重庆自然博物馆

中文名:**香樟**

拉丁名:*Cinnamomum camphora*

年代:第四纪

尺寸(cm):40×29

采集地:浙江

收藏单位:重庆自然博物馆

重庆自然博物馆植物采集记录

采集号: _____ _____年 6 月 15 日
产 地: _____省 重庆 市 南川 县
生 境: 藏隐
_____ 多度 _____ 海拔 650 米
形态性状: 乔木 高度 8-15m 胸径 _____
根 _____
茎 _____
叶 单叶互生 阔卵状披针形
花 花暗绿色
_____
果 _____
俗名 _____ 科名 _____
学名 _____
用途及其他 果实 清热解毒 花庭栽培
采集人: 周卯勤

喜树 Camptotheca acuminata Decne.
周卯勤 2013年 6月15日

中文名:**喜树**

拉丁名:*Camptotheca acuminata*

年　代:第四纪

尺　寸(cm):40×29

采集地:重庆

收藏单位:重庆自然博物馆

中文名:**伯乐树**

拉丁名:*Bretschneidera sinensis*

年　代:第四纪

尺　寸(cm):40×29

采集地:重庆

收藏单位:重庆自然博物馆

中文名:**黄杉**

拉丁名:*Pseudotsuga sinensis*

年　代:第四纪

尺　寸(cm):40×29

采集地:重庆

收藏单位:重庆自然博物馆

中文名:**荷叶铁线蕨**

拉丁名:*Adiantum reniforme*

年　代:第四纪

尺　寸(cm):40×29

采集地:重庆

收藏单位:重庆自然博物馆

中文名:**水杉**

拉丁名:*Metasequoia glyptostroboides*

年　代:第四纪

尺　寸(cm):40×29

采集地:重庆

收藏单位:重庆自然博物馆

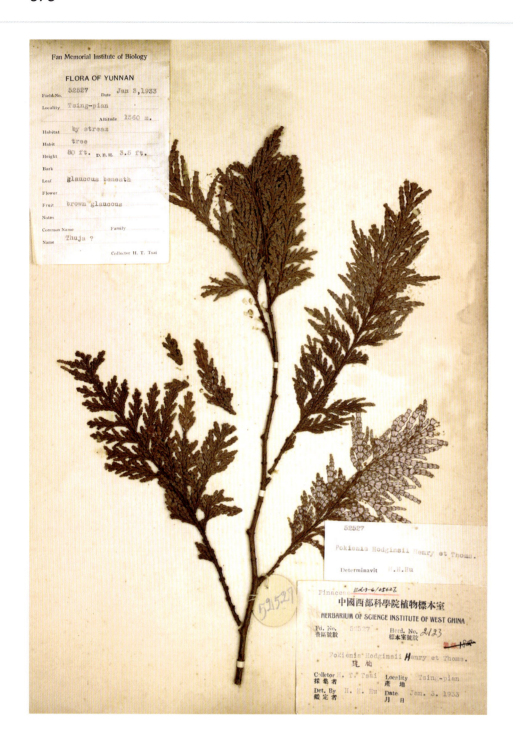

中文名:**福建柏**

拉丁名:*Fokienia hodginsii*

年　　代:第四纪

尺　　寸(cm):40×29

采集地:云南

收藏单位:重庆自然博物馆

中文名:**光叶珙桐**

拉丁名:*Davidia involucrata*

年　代:第四纪

尺　寸(cm):40×29

采集地:重庆

收藏单位:重庆自然博物馆

中文名:**崖柏**

拉丁名:*Thuja sutchuenensis*

年　代:第四纪

尺　寸(cm):40×29

采集地:重庆

收藏单位:重庆自然博物馆

中文名:**银杏**

拉丁名:*Ginkgo biloba*

年　代:第四纪

尺　寸(cm):40×29

采集地:河北

收藏单位:重庆自然博物馆

中国西部科学院植物标本室
四川植物 **Flora Of Szechuan**

Field No. *168*   Date *1931.12.8.*
号数

Locality 合川 三汇坝天主堂
地点

Altitude
海拔高度

Habitat
产地
Habit
居性
Height   D.B.H.
高度   胸高直径
Bark
树皮
Leaf
叶

Flower
花

Fruit
果

Notes
附录

Common Name 蓖箕棕 Family *Cycadaceae* 苏铁科
俗名   科
Name *Cycas revoluta*
学名
Collector *E.H.Tu*
採集者

Ed·1/ 05296   重庆市博物馆植物标本

科 名	苏铁科
学 名	*Cycas revoluta* Thunb.
中 名	辟邪叶
产 地	四川
采集人	俞德浚	标本室号数	
采集号	168.	目 录 号	
鉴定人	俞德浚	时 期 1931. 年 12 月 8. 日

中文名:苏铁

拉丁名:*Cycas revoluta*

年　代:第四纪

尺　寸(cm):40×29

采集地:重庆

收藏单位:重庆自然博物馆

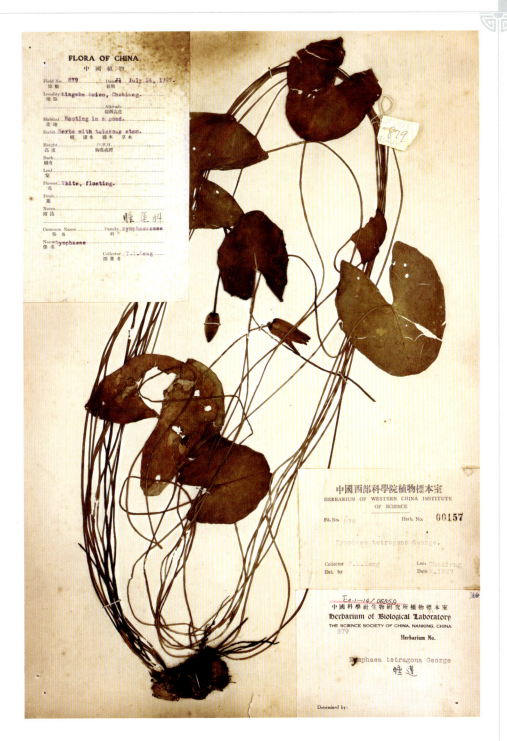

中文名:**睡莲**

拉丁名:*Nymphaea tetragona*

年　代:第四纪

尺　寸(cm):40×29

采集地:浙江

收藏单位:重庆自然博物馆

082

中文名:**华东黄杉**

拉丁名:*Pseudotsuga gaussenii*

年　代:第四纪

尺　寸(cm):40×29

采集地:安徽

收藏单位:重庆自然博物馆

中文名:**毛足铁线蕨**

拉丁名:*Adiantum bonatianum*

年　代:第四纪

尺　寸(cm):40×29

采集地:四川

收藏单位:重庆自然博物馆

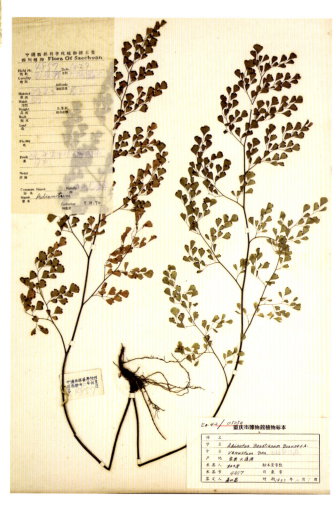

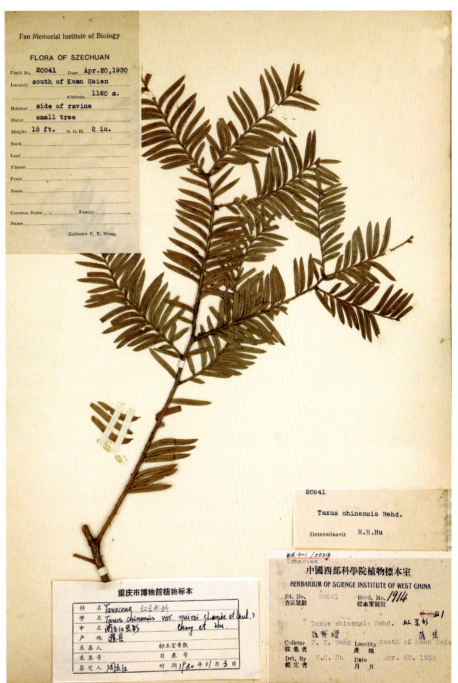

中文名:**南方红豆杉**

拉丁名:*Taxus chinensis*

年　代:第四纪

尺　寸(cm):40×29

采集地:四川

收藏单位:重庆自然博物馆

岩石和
矿物

中文名:**托帕石**

英文名:Topaz

尺　寸(cm):3.04×3.71×1.81

采集地:斯里兰卡

收藏单位:重庆自然博物馆

中文名:**辰砂**
英文名:Cinnabar

尺　寸(cm):3.57×2.81×1.9
采集地:广西
收藏单位:重庆自然博物馆

中文名:**方解石晶洞**

英文名:Citrine

尺　寸(cm):160×160×70

采集地:云南

收藏单位:重庆自然博物馆

中文名:**蓝锥矿**
英文名:Benitoite

尺　寸(cm):10.35×6.82×7.73
采集地:不详
收藏单位:重庆自然博物馆

中文名:**艾加斯塔片麻岩**

英文名:Acasta Gneiss

尺　寸(cm):12.65×6.82×0.61

采集地:加拿大

收藏单位:重庆自然博物馆

中文名:**条带状铁矿石**

英文名:Banded Iron Ore

尺寸(cm):19.7×13.6×6.4

采集地:澳大利亚

收藏单位:重庆自然博物馆

中文名:**磷氯铅矿**

英文名:Pyromorphite

尺　寸(cm):16.71×7.47×8.54

采集地:不详

收藏单位:重庆自然博物馆

中文名:**满汉全席**

英文名:Muartz Mineral Exhibits

尺　寸(cm):260×260×20

采集地:不详

收藏单位:重庆自然博物馆

中文名:**自然金**

英文名:Gold

尺　寸(cm):7.5×3.3×3.1

采集地:湖南

收藏单位:重庆自然博物馆

中文名:**岫岩玉**

英文名:Serpentine

尺　寸(cm):130.5×21.8×137.4

采集地:辽宁

收藏单位:重庆自然博物馆

中文名:**孔雀石**
英文名:Malachite

尺　寸(cm):23.9×14.9×13.1
采集地:不详
收藏单位:重庆自然博物馆

中文名:**碧玺**
英文名:Tourmaline

尺寸(cm):18.9×18.8×12.4
采集地:不详
收藏单位:重庆自然博物馆

中文名:**萤石、白云石**
英文名:Fluorite and Dolomite

尺　寸(cm):40.2×34.5×12.5
采集地:广西
收藏单位:重庆自然博物馆

中文名:**毒砂、萤石**
英文名:Arsenopyrite and Fluorite

尺　寸(cm):119×40×60

采集地:内蒙古

收藏单位:重庆自然博物馆

中文名:**自然铜**

英文名:Copper

尺　寸(cm):63.1×54.8×14

采集地:美国

收藏单位:重庆自然博物馆

中文名:**蓝宝石原矿**
英文名:Sapphire Ore

尺　寸(cm):39.6×18.7×20.2

采集地:斯里兰卡

收藏单位:重庆自然博物馆

中文名:**天河石**

英文名:Amazonite

尺　寸(cm):27×23×9

采集地:不详

收藏单位:重庆自然博物馆

中文名:**青金石**

英文名:Lazurite

尺　寸(cm):38×33×18

采集地:不详

收藏单位:重庆自然博物馆

中文名:**烟晶**

英文名:Cairngorm

尺　寸(cm):30×23.5×17.5

采集地:不详

收藏单位:重庆自然博物馆

中文名:**沸石、鱼眼石**

英文名:Zeolite and Apophyllite

尺　寸(cm):2.06×15×14

采集地:不详

收藏单位:重庆自然博物馆

中文名:**雄黄、雌黄**
英文名:Realgar and Orpiment

尺　寸(cm):41×32.5×22

采集地:不详

收藏单位:重庆自然博物馆

中文名:**祖母绿**
英文名:Emerald

尺　寸(cm):69×27.5×40.5
采集地:不详
收藏单位:重庆自然博物馆

中文名:**绿松石**

英文名:Turquoise

尺寸(cm):36.5×20×121

采集地:湖北

收藏单位:重庆自然博物馆

中文名:**尖晶石**

英文名:Spinel

尺　寸(cm):45×24.5×62

采集地:不详

收藏单位:重庆自然博物馆

中文名:**葡萄石**

英文名:Prehnite

尺　寸(cm):53×26×48

采集地:不详

收藏单位:重庆自然博物馆

中文名:**石膏**

英文名:Gypsum

尺　寸(cm):61×67×135

采集地:不详

收藏单位:重庆自然博物馆

中文名:**黄水晶晶洞**

英文名:Citrine Geode

尺　寸(cm):50×42×184

采集地:不详

收藏单位:重庆自然博物馆

中文名:**冰洲石**

英文名:Iceland Spar

尺　寸(cm):96×50×65

采集地:不详

收藏单位:重庆自然博物馆

中文名:**南丹铁陨石**

英文名:Nandan Siderolite

尺　寸(cm):44×30×25

采集地:广西

收藏单位:重庆自然博物馆

中文名:**阿根廷铁陨石**

英文名:Argentina Siderolite

尺　寸(cm):31×26×44

采集地:阿根廷

收藏单位:重庆自然博物馆

古生物化石

中文名:**上游永川龙**

拉丁名:*Yangchuanosaurus shangyouensis*

年　代:侏罗纪

尺　寸(cm):600×100×350

采集地:重庆

收藏单位:重庆自然博物馆

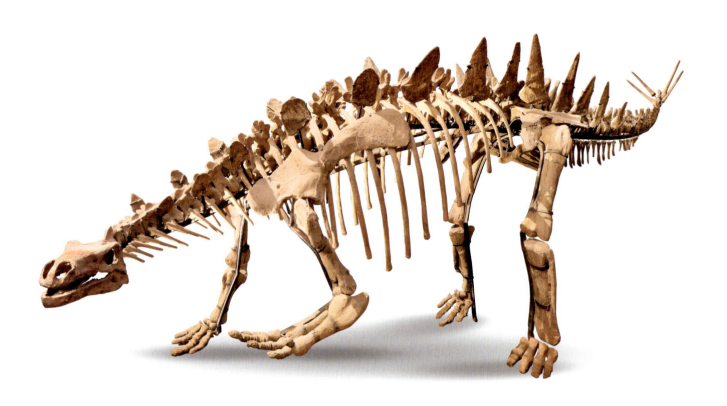

中文名:**多棘沱江龙**
拉丁名:*Tuojiangosaurus multispinus*

年　　代:侏罗纪
尺　　寸(cm):708×143×233
采集地:四川
收藏单位:重庆自然博物馆

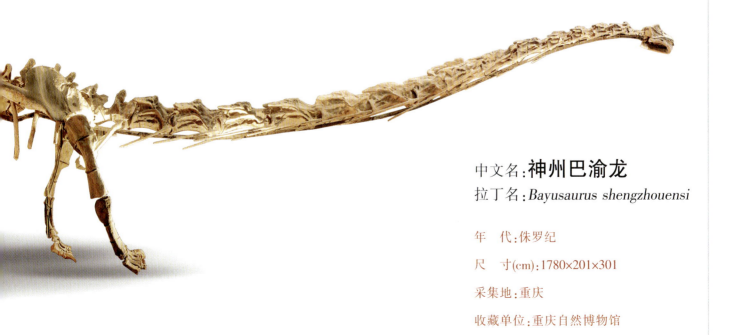

中文名:**神州巴渝龙**

拉丁名:*Bayusaurus shengzhouensi*

年　代:侏罗纪

尺　寸(cm):1780×201×301

采集地:重庆

收藏单位:重庆自然博物馆

中文名:**太白华阳龙**

拉丁名:*Huayangosaurus taibeii*

年　代:侏罗纪

尺　寸(cm):474×120×159

采集地:四川

收藏单位:重庆自然博物馆

中文名:**巨型永川龙**

拉丁名:*Yangchuanosaurus mangus*

年　代:侏罗纪

尺　寸(cm):840×180×330

采集地:重庆

收藏单位:重庆自然博物馆

中文名:**江北重庆龙**

拉丁名:*Chungkingosaurus jiangbeiensis*

年　　代:侏罗纪

尺　　寸(cm):356×86×125

采集地:重庆

收藏单位:重庆自然博物馆

中文名:**釜溪自贡龙**
拉丁名:*Zigongosaurus fuxiensis*

年　代:侏罗纪

尺　寸(cm):1335×170×337

采集地:四川

收藏单位:重庆自然博物馆

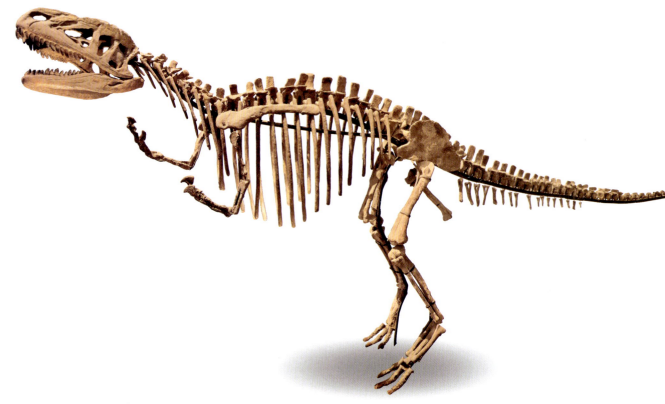

中文名:**甘氏四川龙**

拉丁名:*Szechuanosaurus campi*

年　代:侏罗纪

尺　寸(cm):567×118×222

采集地:四川

收藏单位:重庆自然博物馆

中文名:**济川营山龙**

拉丁名:*Yingshanosaurus jichuanensis*

年　代:侏罗纪

尺　寸(cm):398×105×262

采集地:四川

收藏单位:重庆自然博物馆

中文名:**李氏蜀龙**

拉丁名:*Shunosaurus lii*

年　代:侏罗纪

尺　寸(cm):925×180×304

采集地:四川

收藏单位:重庆自然博物馆

中文名:**南岸永川龙**

拉丁名:*Yangchuanosaurus ananensis*

年　代:侏罗纪

尺　寸(cm):685×136×330

采集地:重庆

收藏单位:重庆自然博物馆

中文名:**天府峨眉龙**

拉丁名:*Omeisaurus tianfuensis*

年　代:侏罗纪

尺　寸(cm):1560×205×7800

采集地:四川

收藏单位:重庆自然博物馆

中文名:**许氏禄丰龙**

拉丁名:*Lufengosaurus huenei*

年　　代:侏罗纪

尺　　寸(cm):402×140×300

采集地:云南

收藏单位:重庆自然博物馆

中文名:**粗皮巨形蛋**

拉丁名:*Macroolithus rugustus*

年　代:白垩纪

尺　寸(cm):44×34×20

采集地:广东

收藏单位:重庆自然博物馆

中文名:**瑶屯巨型蛋**

拉丁名:*Macroolithus yaotunensis*

年　代:白垩纪

尺　寸(cm):89×63×18

采集地:广东

收藏单位:重庆自然博物馆

中文名:**棱柱形蛋**

拉丁名:*Prismatoolithus sp.*

年　　代:白垩纪

尺　　寸(cm):46×35×10

采集地:内蒙古

收藏单位:重庆自然博物馆

中文名:**磁峰彭县足印**

拉丁名:*Pengxianpus cifengensis*

年　代:三叠纪

尺　寸(cm):152×44×19

采集地:四川

收藏单位:重庆自然博物馆

中文名:**野苗溪重庆足印**

拉丁名:*Chongqingpus yemiaoxiensis*

年　代:侏罗纪

尺　寸(cm):52.5×25.5×5

采集地:重庆

收藏单位:重庆自然博物馆

中文名:**岳池嘉陵足印**
拉丁名:*Jialingpus yuechiensis*

年　代:侏罗纪
尺　寸(cm):27.5×27.5×5.5
采集地:四川
收藏单位:重庆自然博物馆

中文名:**小重庆足印**

拉丁名:*Chongqingpus microiscus*

年　代:侏罗纪

尺　寸(cm):26.3×20.2×5.8

采集地:四川

收藏单位:重庆自然博物馆

中文名:**四川快盗龙足印**
拉丁名:*Relociraptorichnus sichuanensis*

年　代:白垩纪
尺　寸(cm):80×34×12
采集地:四川
收藏单位:重庆自然博物馆

中文名:**川主小龙足印**

拉丁名:*Minisauripus chuanzhuensis*

年　代:白垩纪

尺　寸(cm):80×34×12

采集地:四川

收藏单位:重庆自然博物馆

中文名:**澄江渝州上龙**

拉丁名:*Yuzhoupliosaurus chengjiangensis*

年　代:侏罗纪

尺　寸(cm):430×190×145

采集地:重庆

收藏单位:重庆自然博物馆

中文名:**重庆西蜀鳄**

拉丁名:*Hsisosuchus chungkingensis*

年　代:侏罗纪

尺　寸(cm):14.5×7.7×5.3

采集地:重庆

收藏单位:重庆自然博物馆

中文名: **大竹重庆鱼**

拉丁名: *Chungkingichthys tachuensis*

年　代: 侏罗纪

尺　寸(cm): 31×4×10

采集地: 四川

收藏单位: 重庆自然博物馆

中文名:**六角辉木**

拉丁名:*Psaronius hexagonus*

年　代:二叠纪

尺　寸(cm):18×16.2×9

采集地:四川

收藏单位:重庆自然博物馆

中文名:**董氏蜀兽**

拉丁名:*Shuotherium dongi*

年　代:侏罗纪

尺　寸(cm):0.8×0.3×0.08

采集地:四川

收藏单位:重庆自然博物馆

中文名:**巫山剑齿象**

拉丁名:*Stegodon wushanica*

年　代:第四纪

尺　寸(cm):24×13×12

采集地:重庆

收藏单位:重庆自然博物馆

中文名:**更新大灵猫**

拉丁名:*Megauiuerra pleistocaenica*

年　代:第四纪

尺　寸(cm):2.4×1.5×1.5

采集地:重庆

收藏单位:重庆自然博物馆

中文名:**万县似卞氏兽**

拉丁名:*Bienotheroides wansienensis*

年　代:侏罗纪

尺　寸(cm):11.8×10.3×5.7

采集地:四川

收藏单位:重庆自然博物馆

中文名:**茂名无盾龟**

拉丁名:*Anosteira maomingensis*

年　代:新近纪

尺　寸(cm):20×15×8

采集地:广东

收藏单位:重庆自然博物馆

中文名:**维氏中国鳖**

拉丁名:*Sinaspideretes wimani*

年　代:侏罗纪

尺　寸(cm):14.5×9.7×2.5

采集地:四川

收藏单位:重庆自然博物馆

中文名:**射纹蛇颈龟**

拉丁名:*Plesiochelys radiplicatus*

年　代:侏罗纪

尺　寸(cm):19×16×4.5

采集地:四川

收藏单位:重庆自然博物馆

中文名:**似贝氏成渝龟**

拉丁名:*Chengyuchelys baenoides*

年　代:侏罗纪

尺　寸(cm):17×11.5×4

采集地:重庆

收藏单位:重庆自然博物馆

中文名:**重庆蛇颈龟**

拉丁名:*Plesiochelys chungkingensis*

年　代:侏罗纪

尺　寸(cm):25×16.5×4.5

采集地:四川

收藏单位:重庆自然博物馆

中文名:**山猿貘**

拉丁名:*Tapirus sanyuanensis*

年　代:第四纪

尺　寸(cm):21×8×4

采集地:重庆

收藏单位:重庆自然博物馆

中文名:**圣贤孔子鸟**

拉丁名:*Confuciusornis sanctus*

年　　代:白垩纪

尺　　寸(cm):88×47×2

采集地:辽宁

收藏单位:重庆自然博物馆

中文名:**近鸟龙**

拉丁名:*Anchiornis sp.*

年　代:侏罗纪

尺　寸(cm):49.7×30.8×2

采集地:辽宁

收藏单位:重庆自然博物馆

中文名:**金凤鸟**

拉丁名:*Jinfengopteryx sp.*

年　代:白垩纪

尺　寸(cm):54.2×39.5×2

采集地:辽宁

收藏单位:重庆自然博物馆

中文名:**驰龙**

拉丁名:*Dromaeosaurus sp.*

年　代:白垩纪

尺　寸(cm):58×50×2

采集地:辽宁

收藏单位:重庆自然博物馆

中文名:**康氏雕甲龟龙**

拉丁名:*Glyphoderma kangi*

年　代:中三叠世

尺　寸(cm):85×50.2×6.5

采集地:贵州

收藏单位:重庆自然博物馆

中文名:**利齿滇东龙**

拉丁名:*Diandongosaurus acutidentatus*

年　代:三叠纪

尺　寸(cm):68×31×2

采集地:云南

收藏单位:重庆自然博物馆

中文名:**倾齿龙**

拉丁名:*Prognathodon saturator*

年　代:白垩纪

尺　寸(cm):215×161×40

采集地:摩洛哥

收藏单位:重庆自然博物馆

中文名:**黄果树安顺龙**

拉丁名:*Anshunsaurus huangguoshuensis*

年　代:三叠纪

尺　寸(cm):357×155×3

采集地:贵州

收藏单位:重庆自然博物馆

中文名:**满洲鳄**

拉丁名:*Monjurosuchus sp.*

年　代:白垩纪

尺　寸(cm):24×53×1.5

采集地:辽宁

收藏单位:重庆自然博物馆

中文名:**磷矿森林鳄**

拉丁名:*Dyrosaurus phosphaticus*

年　代:古近纪

尺　寸(cm):148×63×17

采集地:摩洛哥

收藏单位:重庆自然博物馆

中文名:**彩斑菊石**

拉丁名:*Placenticeras sp.*

年　代:白垩纪

尺　寸(cm):55×46×7.5

采集地:加拿大

收藏单位:重庆自然博物馆

中文名:**变形菊石群体**

拉丁名:*Emericiceras barremense*

年　代:白垩纪

尺　寸(cm):55×40×7

采集地:摩洛哥

收藏单位:重庆自然博物馆

中文名:**空棘鱼**

拉丁名:*Coelacanth sp.*

年　代:三叠纪

尺　寸(cm):23×14×6

采集地:印度尼西亚

收藏单位:重庆自然博物馆

中文名:**尾骨鱼**

拉丁名:*Coccosteus cuspidatus*

年　代:泥盆纪

尺　寸(cm):50×23×2

采集地:英国

收藏单位:重庆自然博物馆

中文名:**魟鲨**

拉丁名:*Rhinobatos whitfildie*

年　代:白垩纪

尺　寸(cm):38.5×25×2

采集地:黎巴嫩

收藏单位:重庆自然博物馆

中文名:**鲔鱼**

拉丁名:*Orthocormus sp.*

年　代:侏罗纪

尺　寸(cm):90×65×2

采集地:德国

收藏单位:重庆自然博物馆

中文名:**椰子化石**
拉丁名:*Coconut fruit fossil*

年　代:第四纪

尺　寸(cm):43×30×25

采集地:广西

收藏单位:重庆自然博物馆

中文名:**球果**

拉丁名:*Araucaria sp.*

年　代:侏罗纪

尺　寸(cm):7×6×4.5

采集地:阿根廷

收藏单位:重庆自然博物馆

中文名:**大唇犀**
拉丁名:*Chilotherium sp.*

年　代:新近纪
尺　寸(cm):270×89×130
采集地:甘肃
收藏单位:重庆自然博物馆

中文名:三趾马

拉丁名:*Hipparion sp.*

年　代:新近纪

尺　寸(cm):216×55×100

采集地:甘肃

收藏单位:重庆自然博物馆

中文名:**柯氏柄杯鹿**

拉丁名:*Lagomeryx colberti*

年　代:新近纪

尺　寸(cm):104×86×3

采集地:山东

收藏单位:重庆自然博物馆

中文名:**最后披毛犀**

拉丁名:*Coelodonta antiquitatis*

年　代:第四纪

尺　寸(cm):365×110×200

采集地:黑龙江

收藏单位:重庆自然博物馆

中文名:**草原野牛**

拉丁名:*Bison priscus*

年　代:第四纪

尺　寸(cm):340×110×215

采集地:黑龙江

收藏单位:重庆自然博物馆

中文名:**真猛犸象**

拉丁名:*Mammuthus primigenius*

年　代:第四纪

尺　寸(cm):590×170×300

采集地:黑龙江

收藏单位:重庆自然博物馆

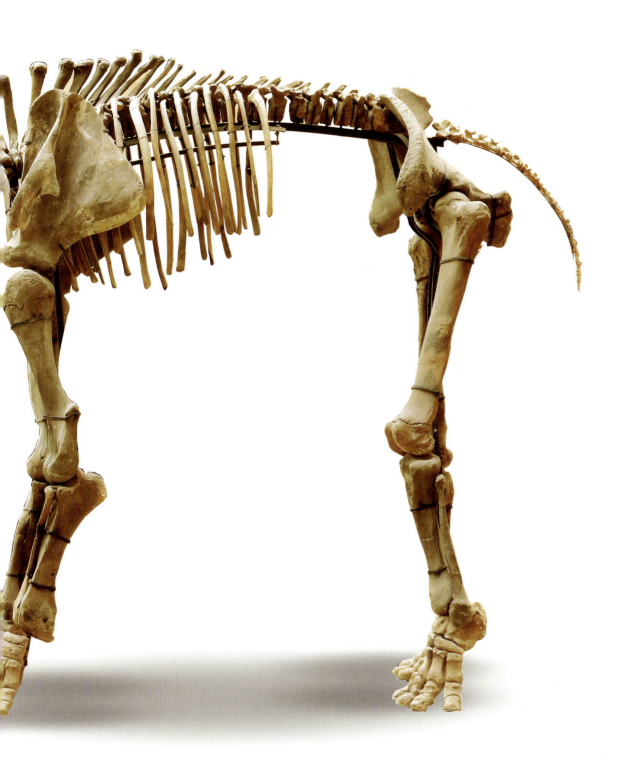

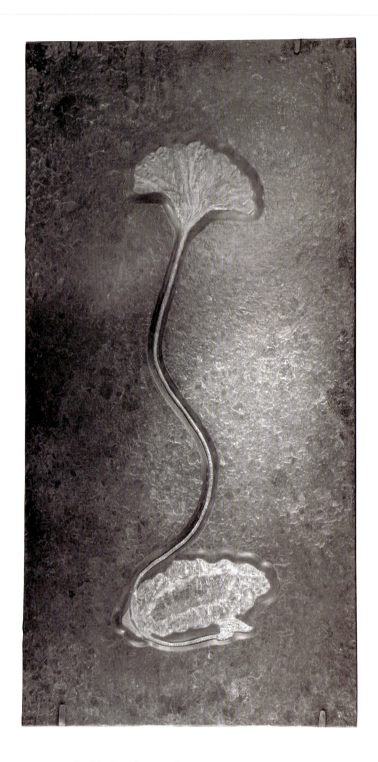

中文名:**次菱角海百合**

拉丁名:*Seirocrinus subangularis*

年　代:侏罗纪

尺　寸(cm):83×6×143

采集地:德国

收藏单位:重庆自然博物馆

中文名:**创孔海百合**

拉丁名:*Traumatocrinus sp.*

年　代:三叠纪

尺　寸(cm):281×455×3

采集地:贵州

收藏单位:重庆自然博物馆

中文名:**扇贝**

拉丁名:*Pecten sp.*

年　代:侏罗纪

尺　寸(cm):96×25×108

采集地:法国

收藏单位:重庆自然博物馆

中文名:**成渝龟**

拉丁名:*Chengyuchelys sp.*

年　代:侏罗纪

尺　寸(cm):25×17×5.2

采集地:重庆

收藏单位:大足区石刻研究院

中文名:**渝州鱼**

拉丁名:*Yuchoulepis sp.*

年　　代:侏罗纪

尺　　寸(cm):34.5×9.5×8.6

采集地:重庆

收藏单位:重庆市涪陵区博物馆(文物管理所)

中文名:**渝州鱼**

拉丁名:*Yuchoulepis sp.*

年　　代:侏罗纪

尺　　寸(cm):31.2×15×5.1

采集地:重庆

收藏单位:重庆市巴南区文物管理所(巴南区文化遗产保护中心)

中文名:**长形蛋科**
拉丁名:*Elongatoolithidae*

年　代:白垩纪

尺　寸(cm):35×19×13/20×9×7

采集地:河南

收藏单位:重庆市綦江区文物管理所(綦江博物馆)

中文名:**东方剑齿象**
拉丁名:*Stegodon sp.*

年　代:第四纪

尺　寸(cm):7.5×7.5×5.6/ 25×7.3×7.2

采集地:重庆

收藏单位:重庆市黔江区文物管理所

中文名:**东方剑齿象**
拉丁名:*Stegodon orientalis*

年　代:第四纪

尺　寸(cm):11.5×9×6

采集地:重庆

收藏单位:重庆市秀山土家族苗族自治县文物管理所

中文名:**东方剑齿象**
拉丁名:*Stegodon orientalis*

年　代:第四纪

尺　寸(cm):8.5×3×4.5

采集地:重庆

收藏单位:西南大学

中文名:**鹿角**
拉丁名:*Cervus sp.*

年　代:更新世

尺　寸(cm):49.3×11.4×7.5

采集地:重庆

收藏单位:重庆市铜梁区文物管理所(重庆市铜梁区博物馆)

中文名:**大熊猫**

拉丁名:*Ailuropoda melanoleuca*

年　代:第四纪

尺　寸(cm):25×20×20

采集地:重庆

收藏单位:丰都县文物管理所

中文名:**大熊猫**

拉丁名:*Ailuropoda melanoleuca*

年　代:更新世

尺　寸(cm):3×2.2×1/2.2×1.8×0.7

采集地:重庆

收藏单位:巫溪文物管理所

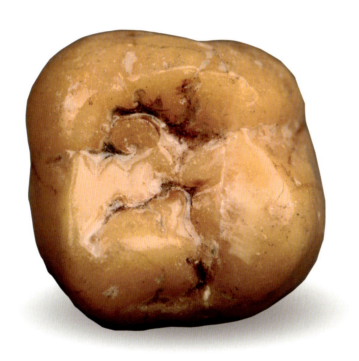

中文名:**巨猿**

拉丁名:*Gigantopithecus sp.*

年　代:第四纪

尺　寸(cm):1.6×1.4×2

采集地:重庆

收藏单位:巫山县文物管理所(巫山博物馆)

中文名:**黔鱼龙**

拉丁名:*Qianichthyosaurus sp.*

年　代:三叠纪

尺　寸(cm):258×80×6

采集地:贵州

收藏单位:重庆市永川区文物保护管理所(永川博物馆)

中文名:**古螃蟹**
拉丁名:*Brachyura*

年　代:不详
尺　寸(cm):7×4×2.2
采集地:重庆
收藏单位:开县文物管理所

古人类
化石

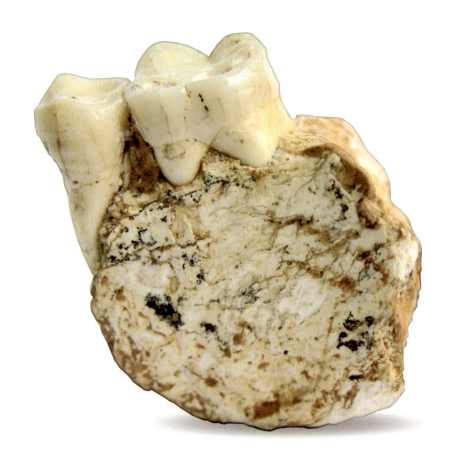

中文名:**巫山猿人**

拉丁名:*Home erectus—Wushan*

年　代:第四纪

尺　寸(cm):3.3×2.2×1.5

采集地:重庆

收藏单位:重庆中国三峡博物馆

中文名:**阿舍利手斧**

拉丁名:*St Acheul*

年　代:第四纪

尺　寸(cm):18.5×10.5×6.5

采集地:尼日利亚

收藏单位:重庆自然博物馆

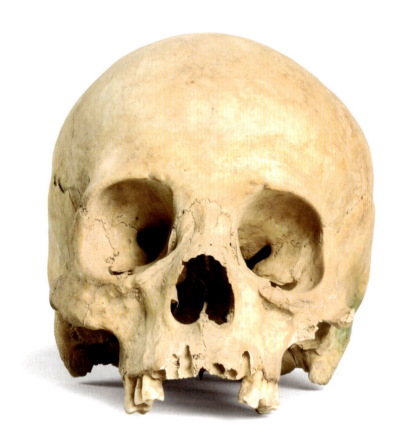

中文名:**现代人**

拉丁名:*Homo sapiens*

年　代:第四纪

尺　寸(cm):14×19×15

采集地:河南

收藏单位:重庆自然博物馆

中文名:**复刃刮削器**

拉丁名:*Scraper*

年　代:第四纪

尺　寸(cm):6.5×6×2.1

采集地:重庆

收藏单位:重庆自然博物馆

中文名:**钝尖砍砸器**

拉丁名:*Chopper*

年　代:第四纪

尺　寸(cm):12×7.5×4.3

采集地:四川

收藏单位:重庆自然博物馆

中文名:**锤击石片**
拉丁名:*Flake*

年　代:第四纪
尺　寸(cm):10.5×6.9×2.4
采集地:四川
收藏单位:重庆自然博物馆

中文名:**单凸刃刮削器**

拉丁名:*Scraper*

年　代:第四纪

尺　寸(cm):6.1×3.8×2

采集地:重庆

收藏单位:重庆自然博物馆

中文名:**正尖刃砍砸器**

拉丁名:*Chopper*

年　代:第四纪

尺　寸(cm):9.5×7.2×3.4

采集地:四川

收藏单位:重庆自然博物馆

中文名:**锐尖尖状器**

拉丁名:*Point*

年　代:第四纪

尺　寸(cm):8.1×4.3×2.5

采集地:重庆

收藏单位:重庆自然博物馆

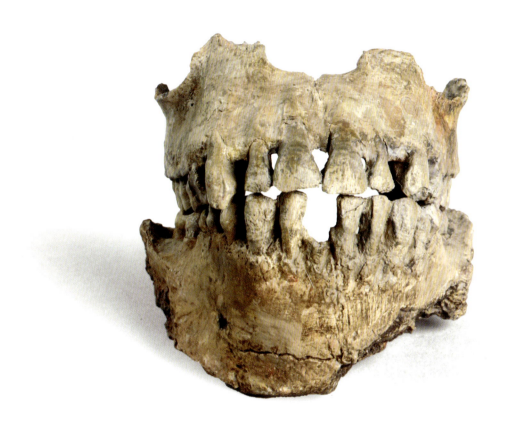

中文名:**阿法南方古猿(模型)**

拉丁名:*Australopithecus afarensis*

年　代:新近纪

尺　寸(cm):7×9×7.5

采集地:埃塞俄比亚

收藏单位:重庆自然博物馆

中文名:**克罗马农人(模型)**

拉丁名:*Homo sapiens–Cro-Magnon I*

年　代:第四纪

尺　寸(cm):14.5×22×14.5

采集地:法国

收藏单位:重庆自然博物馆

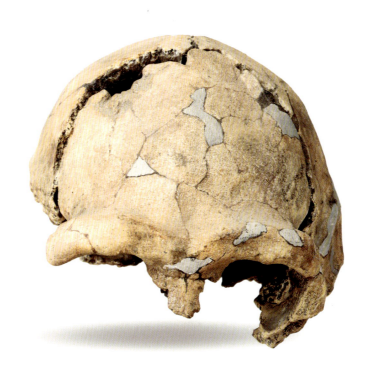

中文名:**北京人(模型)**

拉丁名:*Homo erectus–Beijing*

年　代:第四纪

尺　寸(cm):13.5×19×13

采集地:北京

收藏单位:重庆自然博物馆

中文名:**海德堡人**(模型)

拉丁名:*Homo heidelbergensis*

年　代:第四纪

尺　寸(cm):12.3×7.5×19

采集地:法国

收藏单位:重庆自然博物馆

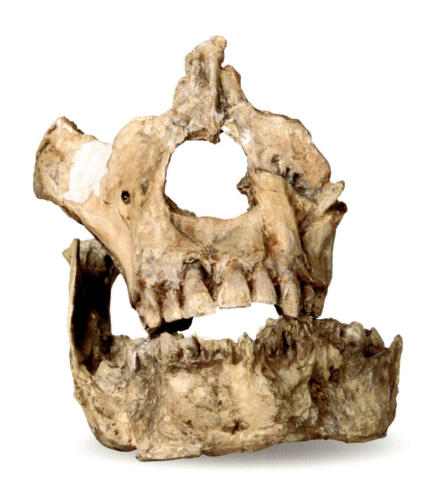

中文名:**非洲南方古猿(模型)**

拉丁名:*Australopithecus africanus*

年　代:新近纪

尺　寸(cm):9.2×12×11.3

采集地:南非

收藏单位:重庆自然博物馆

其他

中文名:**长草原土**

英文名:Steppe Soil

尺　寸(cm):10.65×2.25×2.25

采集地:吉林

收藏单位:重庆自然博物馆

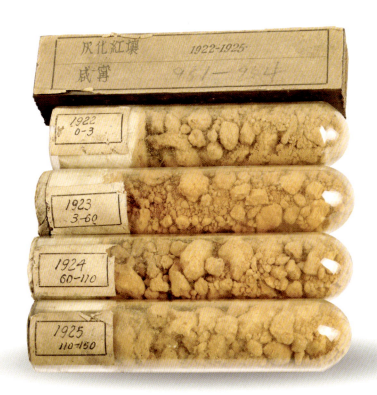

中文名:**灰化红壤**

英文名:Red Podzolic Soil

尺　寸(cm):10.65×2.25×2.25

采集地:湖北

收藏单位:重庆自然博物馆

中文名:**高山草原土**

英文名:Alpine Steppe Soil

尺　寸(cm):10.65×2.25×2.25

采集地:青海

收藏单位:重庆自然博物馆

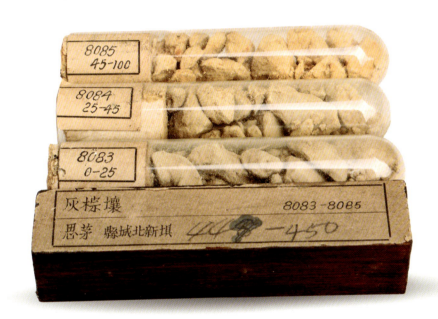

8085
45-100

8084
25-45

8083
0-25

灰棕壤   8083-8085
思茅 黎城北新圩 449-450

中文名:**灰棕壤**

英文名:Grey Brown Soil

尺　寸(cm):10.65×2.25×2.25

采集地:云南

收藏单位:重庆自然博物馆

中文名:**湿土**

英文名:Moist Soil

尺　寸(cm):10.65×2.25×2.25

采集地:云南

收藏单位:重庆自然博物馆

巴渝藏珍系列图书是重庆市第一次全国可移动文物普查成果汇编,由两部分组成。其一为《巴渝藏珍——重庆市第一次全国可移动文物普查总结报告暨收藏单位名录》,收录了重庆市总报告、6家直属单位及39个区县的报告,以及全市165家国有文物收藏单位的基本信息。其二为《巴渝藏珍——重庆市第一次全国可移动文物普查文物精品图录》,由6部图录组成,分别是:标本、化石卷;石器、石刻、砖瓦、陶器、瓷器卷;书画、碑刻、古籍卷;金属器卷;工艺、文玩卷;近现代卷。

编委会及专家组讨论确定了编写体例和分卷原则,审定了编写组提交的入选文物清单。重庆中国三峡博物馆承担项目的组织工作。通过招投标,确定西南师范大学出版社为出版单位。

《巴渝藏珍——重庆市第一次全国可移动文物普查总结报告暨收藏单位名录》由重庆中国三峡博物馆甘玲、金维贤主编。各有关单位提供了本卷的图片。

《巴渝藏珍——重庆市第一次全国可移动文物普查文物精品图录》各分册分工如下:

卷一:标本、化石卷,由重庆自然博物馆李华、童江波主编。重庆自然博物馆地球科学部姜涛、钟鸣,生命科学部钟婧、陈锋、马琦参与初选整理;孙鼎纹、王龙重新拍摄了部分收录标本图片,向朝军对收录图片进行后期处理。相关区县博物馆、文物管理所提供了标本照片。

卷二:石器、石刻、砖瓦、陶器、瓷器卷,由重庆中国三峡博物馆王纯婧、李娟主编。重庆中国三峡博物馆藏品部甘玲、杨婧等参与了初选整理,研究部贺存定帮助初选石器文物。

卷三:书画、碑刻、古籍卷,由重庆中国三峡博物馆江洁、杨婧主编。重庆中国三峡博物馆藏品部胡承金等参与初选整理,研究部刘兴亮帮助初选古籍图书。

卷四:金属器卷,由重庆中国三峡博物馆夏伙根、吴汶益主编。重庆中国三峡博物馆藏品部庞佳、马磊参与初选整理。

卷五:工艺、文玩卷,由重庆中国三峡博物馆梁冠男、梁丽主编。重庆中国三峡博物馆藏品部庞佳、马磊参与初选整理。

卷六:近现代卷,由重庆中国三峡博物馆艾智科、张蕾蕾主编。

卷二至卷六所选文物藏品的图片,主要来自普查登录平台,重庆中国三峡博物馆文物信息部王越川为图片的提取、整理做了大量技术性工作。重庆中国三峡博物馆陈刚、申林与万州区博物馆李应东对不符合出版要求的图片进行了重新拍摄。

巴渝藏珍系列图书的编辑工作得到各直属单位和各区县的大力支持,重庆中国三峡博物馆抽调专业人员进行了为期一年多的文物甄选、资料收集、编辑、拍摄工作。编委会及专家组的王川平、张荣祥、刘豫川、白九江、邹后曦等先生对各分册编辑组提出的入选文物进行了审定。序言由李娟、黎力译为英文。西南师范大学出版社为图书顺利出版付出了大量辛勤劳动。对以上各单位的支持与专家、学者的付出,表示衷心感谢。

本丛书既是重庆市第一次全国可移动文物普查的成果汇编,也是重庆市可移动文物的第一部综合性大型图录,通过丛书可了解全市国有文物收藏单位及馆藏文物精品,进而了解重庆这座国家历史文化名城的深厚文化内涵。由于我们经验、水平和能力的不足,难免存在错讹和疏漏,敬请读者不吝赐教。